UITGAVEN VAN HET

NEDERLANDS HISTORISCH-ARCHAEOLOGISCH INSTITUUT TE İSTANBUL

Publications de l'Institut historique et archéologique néerlandais de Stamboul

sous la direction de

A. A. CENSE et A. A. KAMPMAN

VI

DIE MENSCHLICHE RUNDSKULPTUR
IN DER
SUMERO-AKKADISCHEN KUNST

DIE MENSCHLICHE RUNDSKULPTUR
IN DER
SUMERO-AKKADISCHEN KUNST

VON

Dr J. A. H. POTRATZ
Dozent für Vorderasiatische Archäologie

İSTANBUL
NEDERLANDS HISTORISCH-ARCHAEOLOGISCH INSTITUUT
IN HET NABIJE OOSTEN
1960

Printed in the Netherlands

INHALT

ABBILDUNGEN

TAFEL IV:

14. Lagaš: Statue des Gudea. Nye Carlsberg Glyptothek Kopenhagen. Nach Foto der Sammlung.

15. Lagaš: Kopfloses Gudea-Standbild. Louvre Museum Paris. Nach Foto des Museums.

16. Lagaš: Kopflose Basalt-Statue des Urningirsu; erhaltene Höhe = 55 cm. Louvre Museum Paris, Inv.-Nr. AO. 14. Nach Foto des Museums.

17. Lagaš: Gipssteintorso eines weiblichen Sitzbildes, Oberkörper weggebrochen, mit Weihinschrift an Bau. Museum Istanbul Inv.-Nr. 7914. Nach U n g e r, Reallexikon der Vorgeschichte Bd. 7 Taf. 141 : a.

18. Assur: Basalt-Torso (Kopf und Basis weggebrochen) von einstmaliger Lebensgrösse. Ehemals Staatliche Museen Berlin, Vorderasiatische Abteilung. Nach Foto des Museums.

TAFEL V:

19. Assur: Kupferstatue einer Frau. Höhe unter 20 cm. Ehemals Staatliche Museen Berlin, Vorderasiatische Abteilung. Nach Foto des Museums.

20. Assur: Kopflose Gipssteinstatue des Zariqu(?); erhaltene Höhe = 73 cm. Ehemals Staatliche Museen Berlin, Inv.-Nr. 20070. Nach MDOG. 49 : 40.

21. Babylon, Hauptburg: Dioritstatue des Puzur Ištar, Statthalters von Mari; Höhe (mit Kopf = 1,76 m.). Rumpf Museum Istanbul Inv.-Nr. 7813; Kopf ehemals in Berlin. Nach Foto des Berliner Museums.

TAFEL VI:

22. Assur: Basaltstatue Salmanassar III. (858 - 824 vor Chr.). Museum Istanbul. Nach Foto des Museums.

TAFEL VII:

23. Nimrud: Stierkoloss vom Palast Assurnasirapli II. (883 - 859 vor Chr.). H. = 3,50 m. British Museum London. Nach H a l l, Babylonian and Assyrian Sculptures in the British Museum, Paris 1928.

TAFEL VIII:

24. Uruk: Stirnseite eines Alabastertroges. Br. = 35,6 cm. British Museum London. Nach Foto des Museums.

25. Tell Agrab: Votivplatte mit drei Figurenfriesen. Nach M o o r t g a t, Rencontre Assyriologique: Compte rendu 1952 (Leiden) Taf. VI.

26. Siegesstele des Naramsin von Akkad (2269 - 2233 vor Chr.). H. = 1,98 m. Louvre Museum Paris. Nach Foto des Museums.

27. Lagaš: Altakkadzeitliches Stelenfragment, sog. ‚Kampfstele' (um 2200 vor Chr.). Höhe des abgebildeten Bildstreifens = 15 cm. Louvre Museum Paris. Nach Foto.

TAFEL IX:

28. Synchronistische Übersicht der Geschichte Vorderasiens vom 4000 v. Chr. bis 651 n. Chr.

DIE MENSCHLICHE RUNDSKULPTUR
IN DER SUMERO-AKKADISCHEN KUNST

I. *Die Entstehung des Rundbildes bei den Altsumerern*

Die altmesopotamische Rundbildnerei ist immer noch so etwas wie ein Stief-
kind der kunstgeschichtlichen Betrachtung. Dem einseitig hellenisch geschulten
Geschmack des Abendlandes erscheinen die Schöpfungen des sumero-akkadischen [1]) Menschenbildes als nicht schön genug. Erst die moderne nicht-
akademische, sondern aus den Ateliers hervorgegangene, gern 'abstrakt'
genannte Kunst der Gegenwart vermag für die eigentümliche Gestaltgebung
des altmesopotamischen bildnerischen Ausdrucks Gefühl aufzubringen. Die
Bildhauer der Ateliers sind meistens von den altsumerischen Rundbildwerken
tief ergriffen.
Bei einer kunstwissenschaftlichen Klassifizierung des altsumerischen Kunst-
stiles würde man diesen fraglos als abstrakt bezeichnen müssen. Das wäre
nach unseren heutigen, allerdings gänzlich veralteten Kunsttheorien insofern
erstaunlich, als man Abstraktionen erst als Vereinfachungen oder jedenfalls
doch als irgendwelche Umdeutungen vorausgegangener älterer naturalistischer
Kunststile begreifen kann. Der altsumerischen Kunst gehen aber nur prä-
historische Vasenmalereien voraus.
Nun brauchte man nicht einmal dieses Axiom als solches unbestritten hin-
zunehmen, weil es von Anbeginn an nicht ausreichend fundiert war. Es
beruhte auf einer Fehldiagnose der jungpaläolithischen Höhlenmalereien, die
man als älteste Bildkunst der Menschheit annehmen muss. Es kann heute aber
kein Mensch mehr diese Tierbilder als naturalistisch ansprechen, wenn er
nicht ihre wirklichkeitsnahe Bildabsicht mit ihrem Stil verwechselt.
Lassen wir zunächst aber den letzten Endes nur wenig interessanten Klas-
sifizierungs-Lehrsatz beiseite, weil er für die hier dargelegten Begriffe von

---

[1]) Ich verstehe nach dem Vorgange B. Landsbergers unter 'A k k a d i s c h' die Gesamtheit
des semitischen Volks- und Kulturanteiles innerhalb des einstmaligen sumerischen Lebens-
raumes. Er umfasst also das eigentliche Akkadische — hier zum Unterschiede 'Altakkadisch'
genannt— das Alt- und Neubabylonische sowie die verschiedenen Phasen des Assyrischen.

sekundärer Bedeutung ist. Als wichtiger muss es erscheinen, überhaupt erst einmal die sumero-akkadische Kunstform von sich aus zu umreissen.

Für die Herausbildung der überaus eigentümlichen sumerischen Rundbildnerei sind zunächst einige naturgegebene Faktoren vorauszusetzen. Man mag sie als erschwerend oder als besonders lösend empfinden, in jedem Falle wirkten sie sich als bestimmend für die Entwicklungsrichtung aus.

Das Zwischenstromland besteht morphologisch aus Schwemmboden. Der naturgegebene Werkstoff für jede Art von Tektonik war in der sumerischen Vergangenheit also vor allem der Ton. Demgemäss empfand die bildnerische Vorstellungskraft der Sumerer in Lehm. Gott der Schöpfer kneipte den Menschen von einem Tonpatzen ab, den er dann nach seinem Bilde formte. Schon im benachbarten Iran führte der Gott als Schnitzer — kirenītar — das Schnitzmesser, mit dem er den ersten Menschen aus einem Holzklotz herauswerkelte. Das rundbildnerische Denken der Sumerer ging also primär vom Ton aus. Zum Stein als Werkstoff hatte es von Natur aus keine konkreten Bindungen. Das hatte für die Herausbildung der Steinmetztechnik notwendige Bedeutung. Es ist eine überaltete, niemals bewiesene These, dass die Rundskulptur uranfänglich mit dem Steinblock zu denken begonnen hat, den es dann zu furchen und zu gliedern gegolten habe. Ganz abgesehen davon, dass es sich diese Lehrmeinung von Anfang an mit der einfachen Übertragung einer Werkstättenvorstellung auf den Werdensprozess sehr leicht gemacht hatte: für das alte Sumer konnte eine solche Vorstellung niemals irgendeine Verbindlichkeit gehabt haben.

In Sumer sehen wir das Rundbild folgerecht aus dem Flachbilde hervorgehen. Das ist ganz wörtlich zu verstehen. In der Kultnische des H-Tempels von Assur ist der Kopf und der Oberkörper des Kultbildes in schwellendem Relief dreidimensional ausgearbeitet worden, dem gegenüber alle weiteren Körperteile in der bis dahin üblichen Al-fresco-Malerei ausgeführt wurden. Da man eine Licht- und Schattenmalerei nicht kannte, schuf man sich die gewollte bessere Leiblichkeit des Bildes also durch die faktische Vorwölbung des Körpers, indem man diese Partie als kräftiges Relief in Ton ausbildete. Der Effekt war der gleiche, den in der nordspanischen Höhle von Altamira auf den Deckenmalereien die Bisonten darbieten, wenn ihre Flachbilder durch die Benutzung von natürlichen Aufbucklungen der Decke der Dreidimensionalität anzunähern versucht worden sind. Der Unterschied beider Leistungen liegt im Ziele. In Altamira ist offensichtlich nur auf eine bessere Naturnähe des Bildinhaltes hingearbeitet worden, denn sonst würde sich von diesen Anfängen ein weiterer Weg verfolgen lassen. Der Typus des Kultbildes aus der Altarnische des H-Tempels von Assur aber bezeichnete einen Durchgang. Der im Flachbilde nur als Vorstellung erreichte abbildliche Wesenswiderpart des Sujets drängte nach seiner vollen — also dreidimensionalen — Körperlichkeit. Buchstäblich setzte sich dabei das Bild nach vorn zu in Bewegung. Es schwoll zunächst über dem Rumpf an, so dass dieser aus der Wand hervorquoll. Der Abschluss dieser Entwicklung war, dass das volle Rundbild sich schliesslich von der Wand ablöste und vor sie hinstellte.

Ein derartiger Ablauf wäre in Stein undenkbar. Ein Lehmrelief lässt sich gegen eine Wandfläche gegensetzen. Der gleiche Vorgang in Stein aber würde das Wegbrechen von Material bis auf eine nur ideell gedachte, materiell zunächst gar nicht vorhandene Ebene bedeuten — ein Verfahren, das es von vornherein als sinnwidrig aussehen lassen müsste, nicht auch gleich die Extremitäten im selben Relief erscheinen zu lassen, wenn schon der Rumpf reliefiert wurde.

Ich möchte meinen, dass wir hier zum ersten Male in der Kunstgeschichte tatsächlich beobachten können, auf welche Weise die Rundfigur ihre Existenz erhielt. Selbstverständlich hat diese Genese nur für das alte Zwischenstromland Geltung. Sicher stellt sie auf dem Wege des Werdens auch nur e i n e Möglichkeit unter anderen dar. Man könnte bei dieser Entstehungsart die Frage als naheliegend empfinden, warum man das Rundbild nicht von vornherein freimütig in den Raum hineingestellt hat. Der Mensch, dessen vollendetes Abbild die Rundfigur geben will, steht doch ebenfalls frei und aufrecht im Raume. Ich vermag diese Frage nicht erschöpfend zu beantworten. Zwei Momente, möchte ich glauben, dürften eine Rolle gespielt haben.

Einmal war die Scheu vor dem absoluten Konterfei, dem Doppelgänger gegeben. [2]) Diese Furcht, die in der fehlenden Gewissheit über den Verlauf der Grenzen von Dies- und Jenseitigkeit ihren Grund hatte, war auch noch in der Frühzeit des hochkultürlichen Werdens der Menschheit bedeutend. Es hat eines ganzen zusätzlichen weiteren Stück Weges bedurft, ehe der menschliche Geist in dieser Sicht ausreichende Freiheit gewann.

Zum anderen möchte ich meinen, dass anfänglich das Problem der Statik einem unbefangenen Rundbilden im Wege gestanden haben dürfte. Der Schwerpunkt der menschlichen Figur liegt immerhin recht hoch. Er wird unterstützt lediglich durch die beiden Säulen der Beine, die in einem äusserst spitzen Winkel zur Körpermitte hinlaufen. Selbst die Griechen noch entbehrten die Abstützung ihrer Rundskulpturen nur ungern; sie verstanden es lediglich, ihren abstützenden Absichten unbefangene, beiläufige Motive beizugeben. Für die sumerischen Rundfiguren war die Problematik weit schwieriger. Einmal war der Körperblock durch die Rockbekleidung der Figuren von vornherein viel massiger als bei den nackten griechischen Gestalten.

---

[2]) Ich möchte in diesem Gesichtspunkt auch die anfängliche Kleinheit der sumerischen Rundplastiken verursacht sehen. Man vermied durch die geringen Maasse die Gefahr der zu weitgehenden Abbildhaftigkeit.

Dann verlangte der Bildinhalt die unbewegt aufgestellte Standposition, bei der
die Füsse eng beieinander standen. Hierbei wurde die Standfläche aufs
äusserste verengt. Man suchte dem auf verschiedene Weisen zu begegnen.
Zuerst formte man die aus dem Rock heraussteckenden Beinstücke besonders
dick aus und stellte sie zudem etwas grätschbeinig auf (Fig. 1 bis 3). Oder
man liess hinter den Beinen ein massives Verbindungsstück zwischen Rock
und Basis bestehen, was de facto einer völligen Rückenstütze gleichkam
(Fig. 4). Schliesslich fand man die ästhetisch am meisten befriedigende
Lösung, indem man der Figur durch die Vorsetzung des einen Fusses eine
Vergrösserung der Standfläche gab (Fig. 8 und 9; in Stein — allerdings nicht
freistehend, sondern vor einer Rückenstütze — etwa bei der Priesterfigur aus
Khafaje: F r a n k f o r t , More Sculptures Titelbild, die zugleich im Sinne der
gestischen Lockerung und der Verlebendigung der Gestalt einen Fortschritt
bedeutete).

Diese ansehnliche Errungenschaft ging allerdings bald wieder verloren, weil
als erster rundbildnerischer Rückschritt in der sumero-akkadischen Rundbildnerei der Verlust der frei auf ihren Füssen stehenden Figur eingetreten
ist. Die Rückenverbindung zwischen Rock und Basis setzte sich mit dem
gleichzeitigen Längerwerden der Röcke so allgemein durch, dass wir vom
Ausgange der altsumerischen Epoche ab die Füsse nur noch selten bei Klein-
plastiken — und da in streng geschlossener Manier — frei antreffen (Fig. 19).
Die bessere Gelockertheit bei Bildungen wie Fig. 8 will mir allerdings — abgesehen vom anderen Material (Kupfer statt des sonst üblichen Alabasters) —
vor allem durch die Unbekleidetheit erreicht zu sein scheinen. Der nackte
Körper bringt die leichte Vorbewegung des Oberkörpers von den Hüften ab
sowie das weiche Federn in den Knieen — Gesten, die zusammen mit den wie
flehend vorgestreckten Händen das Bittende des Bildausdrucks unterstrei-
chen — trotz der sonstigen Einfachheit der Darstellung weit sprechender zum
Ausdruck, als das bei einer bekleideten Gestalt möglich war.

Es hat eine zweifellose Benachteiligung für den sumerischen Rundbildner
bedeutet, dass seine Figuren aus völlig unkünstlerischen Gründen mit einem
schweren Kleide angetan sein mussten. Nacktheit war vulgär, das Gewand
war für die Sumerer ein notwendiger Bestandteil des Erscheinensbildes der
Person. Weil nur Personen von Stande der rundbildnerischen Wiedergabe
würdig waren, war auch deren Bekleidung unerlässlich. Dabei wurden durch
die starren Fellgewänder der Altsumerer die Möglichkeiten des Erahnens der
Körperkonturen durch das Gewand hindurch, indem man dieses sich den
Hebungen und Senkungen der Körperoberfläche anschmiegen liess, sehr
erschwert. Diesen Prozess sehen wir erst späterhin, als bei den Gewandungen
weicher fliessende Stoffe aufkamen, einsetzen.

Diese Gegebenheiten waren wohl auch für die ungleichmässige Behandlung der

Männerfiguren in der altsumerischen Kunst verursachend. Wegen der damals üblichen Halbbekleidung — zum nackten Oberkörper wurde ein Rock aus Tierfell getragen — erweisen sich die oberen Körperpartien als von weit besserer plastischer Duchbildung und Gliederung als die der unteren Körperhälfte, bei der die sperrigen, steifen Zottenröcke von der Taille ab unmodulierte Walzen bilden. In Stein umgesetzt konnten diese Unterteile anfangs nicht anders denn als plumpe Zylinder bezw. Kegelstümpfe erscheinen. Dass man diese Monotonie selbst empfand, kann man an der deutlich zu spürenden Nervosität bei der Linienführung des unteren Rocksaumes sehen. Diese Kante scheint in Beunruhigung zu geraten, wenn auch nur in zaghaften Versuchen einer Bewegungsabsicht (Fig. 7).

Solche Schwierigkeiten fallen bei einer unbekleideten Figur weg. Bei dieser geben die Abwechslungen, d.h. der Hebungen und Senkungen der anatomischen Körperbildung, ausreichende Möglichkeiten bei ruhigem Verharren atmende Vitalität und sogar aufgestaute Dynamik widerzuspiegeln. Um diese Möglichkeiten war die sumerische Rundbildnerei von Anbeginn an gebracht worden.

Hierzu trat die durch den Bildauftrag gegebene gestische Monotonie, die eine ausserordentliche Beschränkung der Typik vorschrieb. Für die ganze Zeit ihres Bestehens waren der sumero-akkadischen Grossbildnerei wesentlich nur drei Bildschemata erlaubt: es waren das die *stehende Figur,* die thronende Figur bezw. das *Sitzbild* sowie die seltene *kauernde* bezw. *hockende Figur.* Alle waren sie ruhig verharrend aufzufassen. Mehr Möglichkeiten gab es für das menschliche Rundbild nicht.

Das müsste erstaunlich aussehen, wenn man an eine ungestörte Entwicklung der altmesopotamischen Rundbildnerei während der über zwei Jahrtausende des Bestehens der sumero-akkadischen Kultur denken würde. De facto aber ist der Ablauf der altmesopotamischen Kunstgeschichte nicht ohne schwerwiegende Unterbrechung geblieben. Das verrät allein schon der flüchtige Überblick über den Denkmälerbestand. Einer ansehnlichen Zahl von Rundplastiken des 3. Jahrtausends steht rein zahlenmässig fast ein Vakuum solcher Arbeiten aus den folgenden anderthalb Jahrtausenden gegenüber. Das kann um so weniger Zufall sein, als die historisch jüngeren Epochen ausgrabungsmässig als besser erschlossen gelten müssen als die sumerischen Straten, von denen ein ansehnlicher Bestand immer noch im Boden stecken dürfte.

Allein schon dieses stark verschobene Zahlenverhältnis weist darauf hin, dass die grössere rundbildnerische Leistung bei den Sumerern zu suchen ist. In auffälligster Weise hebt sich ab, wie sehr nach dem Untergange des Sumerertums das Rundbild zusehends an Bedeutung zurückgetreten ist. Mag sein, dass dafür äusserliche Gründe massgebend gewesen sind, etwa, dass der Bildtypus des Stifterbildes in einer veränderten religiösen Auffassung

kultisch entbehrlich geworden war. Als eben so sicher aber wird man auch
annehmen müssen, dass die Künstler der neuen Ära für ihre bildnerischen
Absichten im Rundbilde damals nicht mehr ihren adaequaten Ausdruck gesehen haben. Das lässt sich bei der Verfolgung der stilkundlichen Entwicklung
der sumero-akkadischen Rundfigur in seiner ganzen Schärfe erkennen.
Als Material erscheint — um das noch vorweg zu nehmen — bei den ältesten
Arbeiten vorwiegend weiches Gestein, vor allem Alabaster. Dieses leicht
zu bearbeitende Material mit seiner warmtonigen Oberfläche hat während
der Mesilimzeit (2700 - 2500 vor Chr.) absolut den Vorrang gehabt. Die ins
Gelbliche und Rötliche spielenden fleckigen Einfärbungen dieses Steines
liessen bei der Glättung besonders innig die Vorstellung jener warmen Haut-
tönung erstehen, wie sie dem atmenden Leben eignet. Wenn in der Lagaszeit
(2500 - 2300 vor Chr.) auch zunehmend Kalkstein als Werkstoff (vielleicht
hing das auch mit dem stetigen Grösserwerden der Rundskulpturen zusammen) herangezogen wurde, so wagten sich doch erst die Altakkader (2300 -
2100 vor Chr.) und die Neusumerer (2100 - 1900 vor Chr.) an die harten und
spröden Eruptivgesteine heran, die sich äusserst wirkungsvoll polieren liessen.

II. *Die menschliche Rundskulptur in der ältesten altsumerischen Zeit*

Wenden wir uns numehr also der Rundfigur zu. Es kann hier wegen der Begrenzung des zur Verfügung stehenden Raumes nur von der menschlichen
Rundfigur und hierbei vorzüglich auch nur von den stehenden Männerfiguren
gesprochen werden. Auch die Terrakotten werden ausser acht gelassen, vielmehr soll hier wesentlich und allein von der Bildung des stehenden Körpers in
der sumero-akkadischen Stein-Rundbildnerei die Rede sein.
Die altsumerischen menschlichen Rundfiguren fallen auf den ersten Blick
durch ihre starke formale Geschlossenheit auf, enttäuschen aber bei der gross-
zügigen Abstraktion ihrer Konzeption durch die anfänglich sehr geringen
Abmessungen. Die Mesilimzeit hat durchgehend Höhen von 0.30 bis zu 0.90 m
bei den stehenden Figuren. Erst das Fortschreiten der altsumerischen Rundbildnerei lässt auch die Bildhöhen zunehmen, ohne dass aber je das Bestreben
erkennbar geworden wäre, dass die Erreichung natürlicher Abmessungen ein
wirkliches Anliegen der Bildner war.
Diese Unempfindlichkeit bei den Grössenabmessungen [3]) hängt eng mit der
grundsätzlich geringen Verbindlichkeit der Altsumerer gegenüber den mass-
stäblichen Proportionen zusammen. Die Vernachlässigung aller Proportionen
ist geradezu ein Wesensmerkmal der altmesopotamischen Kunst, das abge-

---

[3]) Vergleiche dazu auch meine Anmerkung auf S. 3.

schwächt bis in die Spätzeit beibehalten worden ist. Einen Proportionskanon hat es im Zwischenstromlande zu keiner Zeit gegeben. Niemals wurde mit dem Blick aufs Ganze gearbeitet, sondern die Einzelpartie hatte jeweils den Vorrang vor der Gesamtkomposition. Was informatorisch als wichtig empfunden wurde, das führte man dem Betrachter auch bedenkenlos in Vergrösserung vor.

Zwei Beispiele mögen genannt werden. Immer ist der Kopf der Rundskulpturen im Verhältnis zur ganzen Figur zu gross gehalten worden. Seine natürliche Relation macht 1 : 7 der ganzen Gestalt aus; in Sumer sind es durchgehend 1 : 6, aber sogar 1 : 5 kommt vor. Es gibt keinen sprechenderen Beweis für die gemeinte Porträthaftigkeit der sumerischen Rundbilder als diese Betonung des Kopfes. Er war es vor allem, der dem Betrachter vorgestellt werden sollte.

Eine andere derartige Eigenwilligkeit lässt sich bei der Behandlung der Schultern — es wird darüber noch zu spechen sein — beobachten. Hier ist die ganze Aufmerksamkeit des Bildners auf die Präzision der Durchbrüche unter den Achseln zwischen Armen und Oberkörper gerichtet. Die zu diesem Behufe vorgenommene starke Einschnürung der Taille genügte dabei noch nicht. Unbedenklich vergrösserte der Künstler also die Schultern, um so unter den Achseln genügend Luft zu bekommen.

Solche Unbekümmertheiten gegenüber den natürlichen Verhältnissen sind die Merkmale einer abstrahierenden Kunstauffassung. 'Abstrakt' will dabei besagen, dass das Gegenständliche vom Künstler gegenüber der von ihm gewollten inhaltlichen Aussage für unwichtig erachtet worden ist. Die Aufmerksamkeit des Künstlers war ungeteilt der Offenbarung eines von ihm unter der Aussenform verdeckt erkannten inneren Seins zugekehrt. Er formte ausschliesslich aus seiner seelischen Schau, aus seiner Vorstellung heraus, nicht aber aus der objektiven Wahrnehmung der Wirklichkeit. Er sah sein Sujet transparent auf das Wesen hin, für dessen Wiedergabe ihm keine konventionellen Formeln zur Verfügung standen. Damit musste er notwendig einer weitgehenden subjektiven Selbstbezogenheit erliegen, so dass seine Darstellung letzten Endes nur der Versuch der stofflichen Wiedergabe seiner irrealen Gesichte werden konnte.

Die Schwierigkeit der Interpretation dieser alten abstrakten Kunst liegt in der Unmöglichkeit der Rückgewinnung der geistigen Schau der Künstler. Erst wenn uns die geistige Situation ihrer Zeitalter bekannt wäre, vermöchten wir etwa die Richtung und Umfang des zeitgenössischen Kunstauftrages wahrzunehmen. Ohne diese Kenntnis müssen wir selbst notwendig unserer eignen Subjektivität erliegen. Können wir die abstrakte Kunstabsicht bei den altsumerischen Köpfen allgemein in der Verdeutlichung der utrierten Typik der dargestellten Mimik wenigstens angenähert zu begreifen versuchen, so verlässt uns bei der Abstraktion der Körper vorerst jede Orientierung. Ganz bestimmt war auch sie informatorisch gemeint, wir vermögen diesen Inhalt aber zunächst nicht ausreichend zu konzipieren.

Deshalb muss sich unser Bemühen vorerst auf die Klarlegung der bildnerischen Formeln beschränken. Es kann erwartet werden, dass aus der Kenntnis der Gesetze des Bildens einmal die Schlüsse über die einst hinter ihnen wirkende Geistigkeit gewonnen werden.

Die altsumerischen Rundskulpturen zeigen bei den Männerfiguren zweierlei Behandlung. Wegen ihrer Halbbekleidung — zum nackten Oberkörper wurde ein Fellrock getragen — erweisen sich die oberen Körperpartien als von guter plastischer Gliederung und bald auch Durcharbeitung, während die sperrigen steifen Zottenröcke von der Taille ab unmoduliert vom Körper wegstehen mussten. In Stein umgesetzt, konnte das Unterteil also nur eine Walze bzw. einen abgestumpften Kegel abgeben.

Der Fellrock ist in der Mesilimzeit meistens glatt. In der Taille findet sich ein kräftiger Wulst, der wohl einen Bund wiedergibt, den Umrissverlauf aber empfindlich stört. Unten zeigt der Rock der Mesilimzeit einen breiten Saum von schmalgestellten, flach gravierten Riefen (gelegentlich erstrecken sie sich über den ganzen Rock), die unten zugespitzt ausgehen. Nachdem man seit dem goldenen Ziegenwidder von Ur weiss, dass die Zottenröcke der Lagašzeit Vliese wiedergeben, darf für die glatten Röcke mit Saum angenommen werden, dass es sich um gewendete Vliese gehandelt hat, deren langer, nach innen gekehrter Behang unter dem Rocksaum in Fransen herausstand.

Die Fellröcke reichten nur etwas übers Knie herab. Für die Statik des Standbildes bedeutete das, dass der voluminöse Rockklotz auf den zwei Stützen der Unterschenkel auszubalancieren war. Den Bedenken, die man hatte, sieht man auf zweierlei Weise entsprochen. Entweder — das ist die naheliegende Art, die auch in der ägyptischen Kunst befolgt wurde — stellte man die Figur im Rücken an einer Stütze auf, oder man bildete — unter Vernachlässigung der anatomischen Proportionen — die Beine so kräftig aus, dass das Bildwerk solchergestalt einen stärkeren Unterbau erhielt. Bei dieser Art wurde die Beinstellung etwas grätschbeinig wiedergegeben, um die Standfläche zusätzlich zu vergrössern.

Die altsumerischen Rundplastiken waren einstmals samt und sonders auf einer besonderen kleinen Basis aufgestellt, die sich in den Abmessungen nach der auf ihr stehenden Figur richtete. Die Basen konnten getrennt von der Figur (sie wurden dann durch einen kräftigen Zapfen in die Bodenplatte eingelassen) oder aber mit dieser in eins gearbeitet werden. Sie waren überwiegend rund, seltener quadratisch oder rechteckig (dann sind sie platt gehalten). Von der neusumerischen Zeit ab verlor die Basis ihre Eigenständigkeit; sie wurde in den Gesamthabitus der Figur einbezogen und bildete hinfort deren unteren Abschluss.

Die Schmalkanten der Rundbasen waren durch ein reliefiertes Bildband kultischen oder mythologischen Inhalts dekoriert. Es liegt auf der Hand, dass die Bildinhalte der Figurenszenen von den Basenrändern für die inhaltliche Bedeutung der darüberstehenden Rundfigur aufschlussreich sein müssen, so weit eben zu den einzelnen Rundfiguren die Originalbasen bekannt sind. Die Füsse der Figuren sind unbekleidet und stehen, leicht nach aussen gewinkelt, ziemlich eng nebeneinander gesetzt. Sie strecken sich aus der Säulentrommel des Rockblockes ohne anatomischen Schluss mit dem Körper heraus, d.h. sie 'baumeln'. Meistens, d.h. wenn die Füsse nicht freistehend sind, erscheinen sie zu weit nach vorn vorgeschoben, was sich aus dem Nach-vorne-drücken der Rückwand zwischen Rock und Basis erklärt. Diese schob gewissermassen die Füsse vor sich her. Als das schliesslich nicht mehr weiter anging, sog die Rückwand gar die hinteren Hälften der Füsse in sich hinein. Nunmehr erschienen diese nur noch als Relief auf dem Hintergrunde der Rückwand.

In der neusumerischen Kunst war die Zone zwischen Rock und Basis fast geschlossen geworden. Der Blick auf die Füsse erschien damit nur noch wie ein kellerfensterartiger Einbruch in das kompakte Massiv der unteren Skulpturenhälfte (prononziert etwa bei Fig. 17, vergleiche aber auch Fig. 14). Späterhin — d.h. von der altbabylonischen Zeit ab — lugen die Füsse nur eben noch mit den Zehen unter dem sich leicht vom Boden anhebenden Rocksaum hervor (Fig. 22).

Die Partie an den Füssen war bei den Unterteilen der altsumerischen Rundplastiken die einzige Stelle mit einer Gliederungsmöglichkeit gewesen. Der Rockklotz selbst war bei seiner Starrheit einer durchgreifenden Aufschliessung unzugänglich. In dieser Hinsicht bedeutete das Zusammenwachsen von Rock und Basis eine Zunahme der Kompaktheit. Die untere Figurenhälfte war geschlossener geworden, aber statisch hatte die Plastik zweifellos an Standfestigkeit gewonnen.

Die untere Körperhälfte erwies sich durch ihre Klotzigkeit für eine durchgreifendere Bearbeitung zunächst nicht als zugänglich. An der Behandlung der oberen Köperhälfte erweist es sich nun, wie sehr man bei den altsumerischen Rundskulpturen im besten Sinne plastisch zu empfinden vermochte. Hier ist das Bemühen um die Lockerung und Gliederung der Masse des Materials von Anfang an unmissverständlich vorhanden, wenngleich eine wirkliche Bewegtheit der Gestaltung nicht erreicht wurde.

Die Haltung zeigt den Oberkörper in Ruhe, wie die ganze Figur vorstellig gerad-vorderansichtig gesehen, die Hände stereotyp vor der Brust zusam-

mengenommen. Die weitgehende gestische Monotonie erweckt beim Betrachten leicht den Eindruck von Starre und Leblosigkeit. Dieses Kennzeichen
hat die sumerische Rundfigur niemals abstreifen können. Es vertrug sich allerdings offensichtlich besonders gut mit dem inhaltlichen Auftrag des sumerischen Rundbildes.

B a c h h o f e r hat die Doppelmöglichkeit des künstlerischen Sujet als seine
'Eigentums-Eigenschaft' und seine 'Rolle-Eigenschaft' bezeichnet. Fraglos ist
die Typik des sumerischen Rundbildes von seiner Rolle-Eigenschaft her vor-
geschrieben gewesen. Damit waren Haltung, Gestus und Kleidung ein für
allemal unwandelbar festgelegt worden, weil durch sie die Merkmale der
Funktion des Rundbildes wiedergegeben wurden.

Interessant ist es, dass man sich bei dieser Wichtigkeit der Rolle-Eigenschaft
mit deren mehr oder minder abstrahierter Formelhaftigkeit begnügte. Auf die
reale Gegenständlichkeit konnte man hierbei also ebenso verzichten wie bei
der Vernachlässigung der naturalistischen Individualität der Darstellung der
Person selbst. Die sumerische "Erkenntnis innerhalb des Anschaulichen"
(wieder nach der Formulierung B a c h h o f e r s) bedurfte nicht der Stütze
durch die gegenständliche Entsprechung, sondern konnte in der vergeistigten
Wesensschau gewonnen werden. Ohne Frage ist das eine hochkünstlerische
Einstellung, die ohne entsprechende Begabung — auch der Betrachter —
nicht realisierbar gewesen wäre.

Der einheitliche sumerische Handgestus ist offenbar eine kultische Gebärde.
Vor allem die Tell-Asmar-Figuren, aber auch andere, hielten mit den Fingern
einen kleinen zylindrischen Becher umschlossen. Späterhin verlor sich das,
und die Hände wurden vor der Brust einfach ineinandergelegt. Diese Manier
legte es bei der bildnerischen Wiedergabe nahe, die Arme mit dem Körper
eng geschlossen zu sehen, um so mehr, als wir auch tatsächlich bei solcher
Haltung die Arme gern leicht ruhend an den Oberkörper anlehnen.

Die Altsumerer gaben sich an dieser Stelle grosse Mühe, die Gelöstheit der
Ellenbogenpartie vom Körper sichtbar zu machen. Dabei war das nicht einmal
ganz einfach zu bewerkstelligen. Um diesen Effekt zu bewirken, liess man
den Oberkörper zur Taille hin unwirklich einschnüren, wodurch er das für
die damalige Zeit typische, schematisiert dreieckige Aussehen erhielt, wodurch
aber auch am Übergang zu den Hüften eine unschöne Stufenbildung bewirkt
wurde. Damit nicht genug, wurden die Schultern weiter, als von der Natur
bedingt, ausladend gebildet, nur dass man die Oberarme auch wirklich vom
Körper losgelöst bekam. Dadurch wieder wurden die Oberarme zu kräftig,
was zu den wesentlich schwächeren Unterarmen unschön kontrastierte. Die
Bemuskelung der Arme wurde übrigens noch nicht nachgezeichnet.

Ausgesprochen hässlich gestalteten sich bei diesen Veranstaltungen die Ellenbogen, weil sie überspitzt und meistens viel zu weit und unnatürlich vom Körper

wegspiessten (Fig. 1-4). Sie waren wie scharfe Klippen, die dem betrachtenden Auge vorbeizuschweifen verwehrten. Die ganze Partie von den Ellenbogen über das eingeschnürte Taillenstück zu den plötzlich wieder vorspringenden Hüften ist bildnerisch ausgesprochen unglücklich, mit den sorgfältig wahrgenommenen Durchbrüchen aber trotz der Kompliziertheit technisch sorgfältig ausgearbeitet. Ich möchte glauben, dass mit dieser eigentümlich utrierten Ausformung der mittleren Armpartie in Wahrheit im Raume zu arbeiten versucht worden ist. Wenn wir die Figur des kupfernen Kultständers aus Khafaje (Fig. 8) betrachten, so könnte man versucht sein, in den bittend vorgestreckten Händen denselben Gestus wie bei den Steinfiguren zu sehen. In bestimmter Sicht zeigen sich dabei die Ellenbogen in ähnlicher Weise vom Körper wegstehend, wie es bei den Steinfiguren als unverständlich auffällt (Fig. 1). Es wäre sehr wohl möglich, dass man in dem spröden Steinmaterial nicht die gleiche gelockerte Beschwingtheit im flehenden Vorstrecken der Arme auszuformen gewagt hat, die im Kupferguss zu erstellen keine Schwierigkeit bot.

Gegenüber den unzweideutig vom Rumpf abgesetzten Oberarmen haben die Unterarme mit dem Körper Schluss. Sie liegen auf dem Leib auf und können fast ein wenig in ihn einsinken. In der Vorderansicht erscheinen sie dabei eigentümlich nach oben durchgebogen, was den Eindruck ihrer faktischen Schwäche noch verstärkt.

Die Durcharbeitung des Oberkörpers sowie das Detail wurden in der Mesilimzeit mehr formelhaft gehalten. Die Vorderansicht betonte die Dreiecksform bisweilen fast in Übertreibung. Dabei war der Oberkörper in der Schmalsicht unwirklich platt geblieben (Fig. 4; b), dem gegenüber der Rockteil weit stärker die Vollrundung anstrebte. Die beiden Brustmuskel wurden nur schematisch wiedergegeben. Eigentümlich sind die Brustränder, die mit scharfgratigen Aussenkanten bogig zur Achselhöhle hinführen. Solche Partien sehen gelegentlich so aus, als ob man sie mit dem Messer in Lehm ausgeschnitten hätte.

Die Frauenstatuen haben ein langes durchgehendes Gewand ohne Taillengürtung, im allgemeinen offensichtlich in weicherem Fall als die sperrigen Fellröcke. Das Kleid erscheint über die linke Schulter geführt, während die andere Seite unter der rechten Achsel hindurchgezogen worden ist. Man nennt so etwas wohl ein Wickelkleid. Auf der linken Körperhälfte springt das Kleid auf, wobei der linke Arm vom überfallenden Stoff des Gewandes verdeckt wird; nur die Hand streckt sich heraus. Der Gestus der Handhaltung war für die Frauen gleich wie bei den Männern. Der freie rechte Arm wurde bei der Wiedergabe genau so eindeutig vom Körper abgelöst dargestellt wie bei den Männern. Die Brust erfuhr kaum eine nennenswerte Hervorhebung.

Interessant ist es, das Bestreben zu beobachten, das Bauschen des vom herabfallenden Kleiderstoff verdeckten linken Armes sichtbar zu machen. Die Konturen wurden dabei kräftig abgesetzt. Vom Arm ab fiel das Gewand lang bis unten herunter. Da man den Ellenbogen genau so weit herausschob wie beim freien Arm, musste man die einseitige Umrissverbreiterung auf dieser Seite der Figur in Kauf nehmen. Man erhielt so aber die Möglichkeit, das Sperren des Armes gegen den weichen Kleidstoff anschaulich machen zu können.

Die ganze Eigenart des abstrahierenden altsumerischen Kunstwollens tritt uns bei den Köpfen entgegen. Für wie wichtig diese bildnerisch gehalten wurden, gibt schon der Grössenindex zu erkennen, der ungern über 1: 6 des Verhältnisses von Kopf zu Körper hinausgelangt (gegenüber 1 : 7 des natürlichen Verhältnisses). Der Kopf sollte also vorzüglich zur Betrachtung gestellt werden. Er wird unbewegt auf kräftigem zylindrischem Hals getragen, sofern nicht ein langer gekräuselter Backenbart und das lang auf die Schultern herabfallende Haupthaar eine optisch bessere Lösung der Verbindung von Kopf und Körper ermöglichen, ohne dass dadurch allerdings der Eindruck der Bewegungslosigkeit der Figuren gemildert worden wäre.

Bei der Frisur des immer in der Mitte gescheitelten und immer mit Schrägwellen wiedergegebenen Haares zeigen sich zwei Ausführungen. Die eine Art lässt es auf der Schulter aufsitzen, von der es schräg zum Kopf hinstützt. Die andere, üblichere Art zieht das Haupthaar beidseits des Gesichts herunter, wo es neben den langen Vierecksbart auf der Brust aufgelegt erscheint, mit dem es in einer Linie abschneidet.

Das Nebeneinander von kahlgeschorenen und glattrasierten Männerköpfen und solchen mit Bärten und Haarperücken lässt sich nicht ohne weiteres begründen. Teilweise mögen zwischen den einzelnen Städten oder Kultgemeinden Unterschiede bestanden haben. So bevorzugen die Bildner in Teil Asmar die bärtigen Köpfe, während in Khafaje die Kahlen vorherrschen, ohne dass dieser Aufteilung aber Ausschliesslichkeit beizumessen wäre. Von der Lagašzeit ab treten die langen Kräuselbärte zurück, die in der Folgezeit den akkadischen Köpfen vorbehalten blieben. Die Sumerer haben hinfort vorwiegend glattrasierte und geschorene Köpfe, an die wir zumeist auch denken, wenn wir uns Sumerer vorstellen.

Zwei Partien bestimmen das Gesicht in der altsumerischen Kunst. Einmal sind die grossen glotzenden Augen weit überdimensioniert und nicht zuverlässig ausgerichtet. Zweitens fällt die unförmig vorspringende Nase auf, die unabhängig von allen natürlichen Verhältnissen das Gesicht zu beherrschen pflegt. Die Stirn dagegen ist niedrig und gedrückt, welcher Eindruck noch durch die durchlaufende Furche für die Augenbrauen verstärkt wird, weil die Stirn dadurch nochmals verengt erscheint.

Augen und Augenbrauen waren in anderen Materialien eingelegt. Die Augenhöhlen sind breit spitzoval gehalten. Der Augapfel wurde nicht rund gearbeitet, sondern flach spitzoval, die Stellung zueinander wurde dabei nur als beiläufig empfunden. In der Mitte findet sich eine Ausbohrung für die Pupille, die aus Lapislazuli oder bernsteinfarbigen Einlagen erstellt wurde. Die Augenbrauenbögen wurden über die Nasenwurzel hinweg durchlaufend gefurcht; gelegentlich sind Stiftlöcher für die Befestigung der Einlage erhalten. Diese selbst bestand aus Bitumen (Reste kommen gelegentlich noch vor), wenn dieses nicht als Bindemittel für ein anderes Material gedient hat.

Die Bewertung der Einlagen kann wegen ihrer zu kräftigen Farbkontrastierung meines Erachtens nicht für eine beabsichtigte Naturalistik in Anspruch genommen werden. Ich möchte glauben, dass diese Wirkung nicht allein eine bildnerische Absicht hatte, sondern sich stärker auf den Inhalt bezogen haben dürfte. Über die inhaltliche Bedeutung der altsumerischen Rundfiguren wissen wir zwar einiges Ungefähr, weil gelegentliche Namensbeschriftungen unzulängliche Klarheit geben. Die Statuen können Stifter- und Priesterbilder meinen, sie können aber auch Heroen oder gar göttliche Wesen darzustellen sich unterfangen haben. Ihre endliche Absicht wird man in ihrem überirdischen Bezug, irgendwie im Funktionellen zu suchen haben. Dass gerade und vielleicht alleinig diese gehobene Bedeutung des menschlichen Erscheinensbildes optisch wahrnehmbar gemacht werden sollte, will mir als evident scheinen.

Bei den Köpfen mit Bart und Haarperücke fällt auf, wie klein die Fläche des restlichen Gesichtes geblieben ist. Das Haupthaar ist beidseits des Antlitzes nach vorn über die Schultern gezogen worden; es zeigt regelmässige parallele Schrägwellen. Der Bart verdeckt von einer Linie in Höhe der Nasenflügel die untere Gesichtshälfte; er hat entsprechende waagerechte Wellen. Der Mund muss sich durch den Vorhang des Bartes hindurch schieben, wobei er wie schmollend vorgespitzt sein kann. Die übrig gebliebene Gesichtsfläche — noch beeinträchtigt durch die voluminöse Nase und die riesigen Augen — ist also klein genug. Um so erstaunlicher bleibt es, dass es den Künstlern gelungen ist, bisweilen individuell anmutende Bildung sowie gelegentlich fast die zarte Timbrierung der Haut dem Betrachter empfindbar zu machen.

Zusammenfassend muss über die Rundskulptur der Mesilimzeit gesagt werden, dass sie nicht nur von ausgezeichneter archaischer Bildwirkung ist, sondern dass sie auch mehrfach Ansätze von grossartigem plastischen Gefühl zu erkennen gibt, wie wir sie in frühen Entwicklungsstadien der Kunst nur selten bewundern können. Wenn ich diese älteste sumerische Kunstübung dennoch ausdrücklich als archaisch bezeichnen möchte, so ist das der unverkennbaren Tatsache wegen, dass diese Figuren keine Beziehung zu ihrem Raume herzustellen vermögen, weder zu einem bestimmten Bildteile, noch zu ihrem Aufstellungsraume, noch zu ihrem Betrachter. Selbst wenn dieser sich ihnen direkt gegenüber aufstellte, würden die Gestalten dennoch hart an ihm vorüberschreiten.

Die moderne Kunstbetrachtung kann hieraus die Gewissheit ableiten, dass auch

eine archaische Kunst sich niemals die Abkonterfeiung der Wirklichkeit zum
Ideal erhoben hatte. Schliesslich sind auch schon die eiszeitlichen Höhlenmalereien weit genug von einer solchen Absicht entfernt! Immer sind es be-
stimmte geistige Konzeptionen, denen man im Kunstwerk bildhaften Ausdruck
geben wollte. Diese geistigen Grundlegungen sind naturnotwendig in den einzelnen geschichtlichen Räumen verschieden, so dass es in dieser Hinsicht
keinen einheitlichen und für die Menschheit allgemein verbindlichen Kunst-
auftrag geben kann.

III. *Das Rundbild vom Ausgang der altsumerischen bis zum Ende der neusumerischen Zeit*

Zu diesen Grundlegungen der Gross-Rundbildnerei in der Mesilimzeit brachte
die Lagaszeit thematisch keine neuen Ideen. Wenn man die Grossartigkeit des
rundbildnerischen Aufbruchs während der Mesilimzeit richtig abschätzt, dann
bedeutet die unverkennbare Reife der Lagaszeit keinen derartigen Fortschritt
mehr, wie man ihn unwillkürlich erwarten würde. Ganz allgemein wurde die
Rundfigur ausgereifter. Sie gewann an körperlicher Tiefe, d.h. sie wurde jetzt
erst wirklich vollrund (Fig. 5 bis 7). Die eckigen Schnittkanten zur Achsel
hin, die geometrische Dreiecks-Einschnürung zur Taille, die zu breit ausladen-
den Schultern sowie das Grössen-Missverhältnis zwischen Ober- und Unterarm verloren sich, um gefälligeren Rundungen und Proportionen stattzugeben.

Die Rhythmik der Figuren gab sich nunmehr fortschrittlicher. Man erprobte
bewusster die Verlebendigung der Aufstellung durch Vorsetzen des einen
Fusses (es war wohl immer der linke), was zwar noch keine endgültige Schritt-
stellung bedeutete, sich aber bildnerisch gelöster darbot. Die Statik gewann in
der Vorwärtsrichtung. Die Praxis dabei war die gleiche — nur richtungsver-
ändert — wie bei den Grätschbeinen der Mesilimzeit. Ästhetisch war die neue
Stellung allerdings befriedigender. Die Ägypter haben für die Standsicherung
ihrer überschlanken Rundfiguren dieselbe Lösung gehabt.
Es bedeutete eine optische Verbesserung, dass jetzt die Proportionen gefälliger
wurden. Statisch wirkte sich die Längung der Röcke mit der dadurch be-
wirkten Tieferlegung des Schwerpunktes für die Opsis beruhigend aus. Die
von der Taille ab durchgehenden Zottenröcke kamen nunmehr in Mode
(wenn man nicht ganz glatte Gewänder bevorzugte), bei denen die Zotteln
in horizontalen, pedantisch ordentlichen Reihen übereinander gelegt worden
sind. Nach wie vor blieben die Röcke — wohl wegen der Steifheit ihrer
Vorbilder — viel zu unförmig gebläht, um den Körper durchdrücken lassen
zu können. Immerhin aber fing man an, den Rock dem Rhythmus der unteren
Körperhälfte folgen zu lassen. Über dem Gesäss gespannt, gab der Rock zu
den Kniekehlen leicht nach, um über den Waden wieder zurückzuweichen

(Fig. 7). Er lag dabei noch keinesfalls den Schenkeln an, die vielmehr noch in einigem Abstande gesucht werden müssen, aber er folgte bereits deren Umrissverlauf — fraglos ein wichtiger Fortschritt.

Die Tendenz der besseren Rhythmisierung des Rockklotzes zeigt sich jetzt nachdrücklich. Die wegen ihrer Plattheit und durch die schlechten Proportionen des Oberkörpers noch recht archaisch wirkende Rundskulptur aus der Übergangszeit (Fig. 4) lässt den Rock hinten vom Gesäss ab senkrecht — und nicht mehr schräg abschwingend — zu Boden fallen, was eine bedeutende Verschmälerung des Rockblockes bedeutete. Nach vorne wölbte der Rock über dem Leibe etwas vor, um dann über den Knien nochmals leicht vorzudrängen. Die Vorderansicht zeigt ein — wenn auch anatomisch noch nicht überzeugendes — Bauschen über den Hüften und ein gefälliges Schräg-Abwärtsgleiten des Umrisses.

Alle diese Einzelheiten zur Verlebendigung der Rundskulptur sind nicht zu übersehen. Sie gehen so weit, dass sich im unteren Rockdrittel sogar leichte Verschwingungen aus dem vertikalen Linienverlauf andeuten, die wie entfernte Vorläufer von anfänglichen Faltenwürfen wirken. Solche Versuche finden sich erst bei den glatten Rockblöcken, vielleicht weil der untere Kleidabschluss nach dem Wegfallen der Zotten als zu monoton geradkantig und linear empfunden wurde. Jedenfalls ist allenthalben das Bemühen unverkennbar, die lastende Starre der ältesten sumerischen Plastiken nunmehr einer ansprechenden, bisweilen das Elegante streifenden Rhythmik weichen zu lassen. Die volle Bewegung des Körpers war der Rundbildnerei damals allerdings schon aus thematischen Gründen nicht darstellbar.

Mit diesen Themen ist der Weg der generellen Weiterentwicklung der altsumerischen Rundskulptur klar umrissen. Sie heissen: Erspürung des Körpers durch das Gewand hindurch (selbst durch das Haupthaar liess sich der Schädel ertasten!) und Auflockerung der Oberfläche. Lediglich die Bewegung des Körpers selbst blieb der Steinbildnerei thematisch damals noch nicht konzipierbar.

Bei den Männerköpfen setzte sich in der Lagaszeit die Haar- und Bartlosigkeit durch. Die damit freigelegten Ohren wurden ohne Beachtung der natürlichen Grössenverhältnisse ausgeformt. Sie sind immer zu gross geraten, im übrigen aber ansprechend stilisiert. Die ganze Gesichtsbildung wurde feiner, als ob stärker naturalisierende Kräfte am Werk wären. Die sich schon in der Mesilimzeit abzeichnende Fähigkeit zu individueller Präzisierung wurde dabei in den immer noch vorherrschenden abstrahierenden Stilmitteln weiterhin beibehalten. Ebenso bewahren die Frauenköpfe im allgemeinen ihre auffällige zeitlose Lieblichkeit des Gesichtsausdrucks.

Wegen des überwiegenden Fehlens von Beischriften — obwohl solche auch nicht einmal schlüssige Beweiskraft böten — kann ich die Porträthaftigkeit der Köpfe dieser Epoche nicht zwingend demonstrieren. Die Behauptung von Porträts setzt die bewusste Absicht von Abbildhaftigkeit — auch in abstrakter Konzeption — voraus. Ich möchte meinen, dass die grosse Zahl der unterschiedlichen Physiognomien sowie die erstaunlich variierende Ausdrucksfähigkeit der Gesichtsbildungen gut und gern für einen Beweis steht. Die grosse Schwingungsweite in der Charakteristik der Köpfe aus dieser Zeit kann nur im porträtistischen Sinne verstanden werden. Sie geht weit über den Umfang des generellen Menschenbildes hinaus.

Auffällig ist bei den Köpfen ein Unterschied zwischen Männern und Frauen. Während bei jenen die Typik des Physiognomischen bis zur Karikatur, bei aller Stilisierung der Ausdrucksmittel also die äusserste Porträthaftigkeit der Aussage angestrebt wurde, erfuhr das weibliche Antlitz durch weniger utrierte Abstraktionen eine Idealisierung, die von überzeitlicher Ausdruckskraft sein kann. In der Bildung gerieten die Frauenköpfe immer sehr viel schöner als je bei einem Manne. Einen Grund für diese verschiedenartigen Behandlungsweisen weiss ich nicht zu nennen.

Diese Epoche hat Arbeiten, die zu den vollendetsten Leistungen der sumeroakkadischen Rundbildnerei gerechnet werden müssen. Es gibt Statuen, die das Gewand leicht und fast durchsichtig anmutig wiederzugeben vermögen, obwohl durchlaufende Kleidfalten damals de facto wohl noch nicht erkannt worden waren. Die Figuren stehen irgendwie gelockert und mit beweglich getragenen Köpfen. Sie schicken sich gerade an, den Archaismus ihres Ursprunges abzuschütteln und nunmehr zur Höhe klassischen rundbildnerischen Ausdrucks überzuleiten. Alles dieses drückt sich aber gerade eben in zarten Andeutungen und in Tendenzen aus. Der unbefangene Betrachter erwartet nunmehr den Durchbruch zur Vollendung zu erleben in der genialischen Lösung eines freien Rundbildes.

Erstaunlicherweise aber geschah in der folgenden Entwicklung nichts, was auch nur angenähert in diesem Sinne gedeutet werden könnte. Gewiss ist der technische Zusammenhang mit der altsumerischen Rundbildkunst auch weiterhin gegeben, aber die Themen und die Anliegen jener Zeitläufte sind jählings verlorengegangen. Neuartig und im Bildausdruck keinesfalls zu unterschätzen ist ein Streben nach grösserer Gegenständlichkeit, gerade das aber schliesslich, was den Sumerern von Natur aus fremd war. Diese abstrahierten vielmehr ihre künstlerische Schau von Anbeginn an, weil es ihnen gegeben war, in der Blosslegung der Wesenhaftigkeit des Bildthemas den Sinn aller plastischen Bemühung zu sehen.

Von den rundbildnerischen Arbeiten der altakkadischen Zeit geben zwei Werke entscheidende Auskunft über die Wandlung der künstlerischen Auf-

fassung: der Kupferkopf eines assyrischen Königs aus Ninive sowie der Rocktorso des Maništusu. Der berühmte Kupferkopf von Ninive beunruhigt den
Betrachter durch die Nähe seines Lebens. Die Klarheit der Konturen mit der
vollendeten Zeichnung des Details bei jetzt überraschend richtigen Proportionen (man beachte etwa das unbeschädigte rechte Auge) vermitteln ergrei-
fenden Eindruck von Abbildhaftigkeit und geradezu unter der Oberfläche
verborgenem Leben, der nicht einmal durch das rezent verstümmelte linke Auge
abgeschwächt werden kann. Das so gänzlich Neuartige an diesem Bildwerk
kann nicht besser als in der Gegenüberstellung mit dem Frauenkopf von Uruk
empfunden werden. Der Abstand der beiden Auffassungen kann nicht ent-
fernter gedacht werden. Gegenüber der durchsichtigen Ferne des sumerischen
Antlitzes weist sich die akkadische Plastik als gegenständlich und wirklich-
keitsnah aus.
Die Augen waren beim Kopf von Ninive mit Edelsteinen eingelegt. Die
Brauen hingegen zeigen ihre Bögen bereits als aus gleichem Material erar-
beitete, plastisch aufgelegte Tannenzweige. Die altakkadische Zeit bezeichnet
den Übergang von der polykorpuskulären Technik zu dem in einheitlichem
Material geschaffenen Bildwerk. Der Umschwung muss bereits am Anfang
dieser Epoche gelegen haben, so dass die Arbeiten mit inkrustierten Augen
und Brauen, die angeblich aus der Akkadzeit stammen sollen, teils noch aus
der Lagaszeit oder sonst aus der frühen Akkadzeit sein müssen.
Äusserlich wird die Zäsur der altsumerischen Kunstepoche zur Alt-Akkad-
Zeit am leichtesten bei den Köpfen wahrnehmbar. Während des gesamten
Ablaufes der altsumerischen Zeit wurden die Augen und die Augenbrauen in
vorbereitete Bohrungen bezw. Rillen aus anderen Materialien eingelegt. Heute
sind diese Einlagen meistens herausgefallen oder nur in Spuren erhalten.
B a u m e i s t e r hat für diese Technik der mehrfachen Werkstoffe an
ein und derselben Plastik den Terminus „polykorpuskulär", „vielstofflich"
eingeführt. Es entspricht dabei allerdings nicht meiner Ansicht, dass dieses
Verfahren zur Erreichung grösserer Gegenständlichkeit bezw. grösserer
Naturnähe der Darstellungen angewendet worden sein soll.
Von der altakkadischen Zeit ab wurden die andersstofflichen Einlagen nur
noch bei den Augen beibehalten. Die Augenbrauen erscheinen hinfort als über
der Nasenwurzel zusammenlaufende, plastisch aufgelegte Halbbögen. Der
Übergang zur vollen Plastizität — auch der Augen also — muss mindestens
noch die ältere Akkadzeit angedauert haben.
Rundbildnerisch sehen wir in der Akkadzeit einen jähen Verlust aller bisher
erreichten rundplastischen Errungenschaften eingetreten. Die Figur erscheint
plötzlich und in fast erschreckender Weise verfestigt (Fig. 10). Die Arme
sind wie von einer unwiderstehlichen Gewalt in den Körper hineingesogen
worden, sie zeichnen sich auf der linken Seite nicht einmal mehr im Gewand-

umriss ab. Selbst wenn man die Arbeit Fig. 10 nicht eben als Spitzenleistung der Epoche gelten lässt, so ist bei dieser Figur der jähe Abbruch zu einer veränderten Kunstauffassung unmöglich zu übersehen.

An dieser Tatsache vermag auch der vielbewunderte Rocktorso des Maništusu (Fig. 11) nichts zu ändern. Der bei diesem Werke sich nach unten glockig verbreiternde Rockkegel war in der Statik und auch für die Ansicht dadurch verbessert worden, dass man den Rock über die Füsse hinwegfallend und sie voll verdeckend gesehen hatte. So konnte der Block mit einer annehmbaren Standfläche auf dem Boden aufsitzen. Bei der glockigen Ausweitung des unteren Rockteiles halte ich es für ausgeschlossen, dass dieses wuchtige Gebilde einmal auf Füssen ausbalanciert gewesen sein kann. Ich behaupte ausserdem, dass zu jener Zeit Rundskulpturen auf freistehenden Füssen ohne Rückenstützen bei Grossplastiken bildhauerisch überhaupt nicht mehr möglich waren. Es gäbe hierzu nicht eine einzige Vergleichsarbeit. Im übrigen könnte ein derartiger Block bei einer Aufstellung auf Füssen ästhetisch kaum eine befriedigende Lösung dargeboten haben.

Was dem Maništusu-Block zu seinem Ruhme verholfen hat, ist seine Oberflächenbehandlung. Über die ganze Rocklänge hinweg erscheinen in der sumero-akkadischen Kunst erstmals flach schwingende Vertikalfalten in leichter Abdrehung nach rechts. Sie sind viel zu flach gehalten, um echte Bewegung glaubhaft machen zu können, und werden in der Blickwirkung von einer den Rand eines Überrockes markierenden, die Aufmerksamkeit herausfordernden Fransenbordüre übertroffen.

Von einer Gliederung des Blockes durch die Falten oder von einer Verlebendigung der Körperlichkeit des Torso durch sie kann nicht die Rede sein. Alles ist ausserordentlich dünn auf die Oberfläche aufgeschrieben geblieben. Für wie wenig bedeutungsvoll man diese Fältelung erachtete, zeigt eine auf der unteren Rockhälfte angebrachte Keilinschrift, die bedenkenlos über die auslaufenden Faltenenden hinweggeführt wurde. Nun hat ein wirkliches Gefühl für die Oberfläche der rundplastischen Arbeiten, das manchen Kunstprovinzen des Altertums in hervorragendem Masse eignete, der altmesopotamischen Kunst immer gefehlt. Solche Inschriften waren in der altsumerischen Zeit gelegentlich sogar auf die blosse Haut (meist am Oberarm oder über die Schultern hinweg) aufgeschrieben worden. Wir finden den Brauch der Anbringung von langen Keilinschriften auf Rundfiguren noch bei den letzten Arbeiten des Zwischenstromlandes.

Die Herkunft der altakkadischen Rockfalten möchte ich vermutungsweise auf Elam zurückführen, wiewohl die dortigen ungenauen Synchronismen vorerst eine exakte Ableitung unmöglich machen dürften. Was mich zu meiner Mutmassung gebracht hat, ist die souveräne Verwendung der Faltentechnik in Elam. Überzeugend sind Arbeiten wie das Sitzbild des Ensi von Tupliaš

(Fig. 12), das — wenn auch erst aus neusumerischer Tradition stammend — gerade deswegen seine Falten für sich allein hat. Sprechender noch, möchte ich meinen, trotz schlechterer Qualität ist die Kupferstatue der Napir-asu, die mich immer sehr an den Maništusu-Torso erinnert. Wenn diese auch erheblich viel jünger ist (sie stammt aus der Zeit um 1240), so dass sie für unseren Zusammenhang ausscheiden muss, haben wir uns vergleichend doch vor Augen zu halten, dass die Rockfalten im sumero-akkadischen Kunstbereich keine Fortsetzung erfahren haben, während sie in Elam offensichtlich in unbefangenster Weise weiter gehandhabt worden sind.

Trotz der Maništusu-Rockfalten also: was die altsumerische Rundbildnerei entwickelt hatte, erscheint in den altakkadischen Arbeiten als nicht mehr fortgeführt. Was die Altsumerer erstrebt hatten, die Verringerung der Masse und die fortschreitende Aufschliessung des Blockes, die Ertastung des Körpers durch das Gewand hindurch und die Verlebendigung der statischen Starre, all das ist verschwunden. Gerade im Gegenteil ist der Rundblock jetzt geschlossener, kompakter und ungegliederter denn je geworden, und bei seiner Masse kann durch die dünne Tünche von Ornament und Faltenschleier eine Beseeltheit nicht überzeugend vorgetäuscht werden.

Die neuen Merkmale des sumero-akkadischen Rundbildes vermochte die neusumerische Reaktion nicht mehr zu tilgen. Zwar stieg die Freude am Rundbildwerk noch einmal an, wie die ansehnliche Zahl der erhaltenen Skulpturen ausweist. Die alte Qualität, vor allem aber die alten Fortschritte waren nicht mehr wieder zu gewinnen. Die Geschlossenheit der Rundbilder war hinfort nicht mehr aufzuschliessen.

Bei aller unverkennbaren technischen Fertigkeit — die Behandlung der Oberfläche kann jetzt exzellent sein — blieben die neusumerischen Rundskulpturen (Fig. 13 bis 16) von strenger Geschlossenheit. Die Arme waren mit Schluss an den Körper herangenommen worden, wobei man die Grenzfugen nur ungenau ausräumte. Für die Füsse wurde an der einstmaligen Trennzone zwischen Basis und Rockblock nur noch eine unwirkliche Luke — wie ein Kellerfenster — offen gelassen (Fig. 14). In ihr erscheinen die Füsse jetzt viel zu weit nach vorn gestellt. Selbst die drehenden Faltenschläge des Maništusu-Torso sind wieder vergessen worden, was — wie ich meinen möchte — weiter für die Fremdheit dieser Technik im babylonischen Raum sprechen dürfte.

Generell sind die Proportionen der Rundbilder verbessert worden, obwohl auch jetzt noch ein ständiger Abstand von den wirklichen Verhältnissen gegeben blieb. Bei den Köpfen wurde nunmehr auch die Ausbildung der Augäpfel im gleichen Werkstoff der Plastik vollzogen. Grosse Mühe gab man sich mit der Bewegung der Oberfläche mittels des Durchzeichnens der Körperkonturen bei den bekleideten Abschnitten. Die Bemuskelung des sichtbaren

Armes sowie der dazugehörigen Schulter wurde sorgfältig und fast liebevoll wiedergegeben.

Abgesehen von den grossen durchgehenden Faltenschlägen hatte man die gute Bildwirkung von Falten nicht vergessen. Das Männergewand war jetzt durchgehend lang geworden, bekleidete also auch den Oberkörper. Es bestand wesentlich aus einem rechteckigen Stoffstück, das um den Körper gewickelt war, also eine Art ‚Wickelkleid' war. Hierbei wurde ein Zipfel des Stoffes über die linke Schulter hinweg und unter der rechten Achsel zurückgeführt und vor der rechten Brust dann hinter die obere Stoffkante geschoben. Die Falten an diesem ausgereckten Zipfelstück zeichnete man nunmehr mit grosser Liebe nach. Auch beim linken Arm, wo der überfallende Stoff in der altsumerischen Zeit (beim Frauenkleide) glatt gebauscht hatte, entdeckte man jetzt die Fältelungen: in der Armbeuge, wo der Stoff hinter dem Unterarm versteckt wurde, sowie am Unterarm selbst, wo der Stoff über den Arm hinwegquoll (Fig. 13 und 16).

Trotz mancher solcher Einzelheiten war der neusumerischen Kunst die in der altsumerischen Zeit vollendet beherrschte Physiognomik der Rundfigur verlorengegangen, die dort unter Beibehaltung der abstrakten Grundauffassung der Wiedergabe gelungen war. Das neusumerische Rundbild ist irreal geworden, aber in gänzlich anderer und unwahrhaftigerer Weise als die altsumerische Rundskulptur. Dort reduzierte die Abstraktion den leiblichen Umriss auf den Begriff unwichtiger Körperlichkeit unter Beibehaltung der persönlichen Merkmale des individuellen Ausdrucks. Die neusumerische Rundbildkunst aber verallgemeinerte den individuellen Körperumriss — ohne sein Wesen konzipieren zu können — zur allgemein-menschlichen Leiblichkeit. Deswegen spielten auch die Grössen der Figuren keine Rolle: Gudea konnte im Bilde klein und gedrungen oder rank und schlank aussehen, erst die Beischrift wies seine Person aus.

Bei den Köpfen wurde eine gewisse Synthese zwischen alt- und neusumerischer Kunst angestrebt. Das Suchen nach der Porträthaftigkeit der Physiognomie wurde unverkennbar beibehalten. Die sorgfältigen Gesichtsbildungen aus neusumerischer Zeit bieten mancherlei gute Effekte. Die altsumerische Vernachlässigung der Proportionen findet sich auch noch weiterhin bei Augen und Ohren, wenn auch gemässigter. Die polykorpuskuläre Technik ist endgültig verschwunden. Die Augenbrauen erscheinen als über der Nasenwurzel zusammenlaufende, plastisch aufgesetzte Halbbögen in Tannenzweigdekor. Bei den Augen, die noch immer keine zuverlässige Blickrichtung haben, fallen die schweren wulstigen Lider auf, die in der Akkadzeit aufgekommen sind und vielleicht auf die herausquellende Asphaltunterlage der Einlege-Augen zurückgehen. Aus der neusumerischen Epoche liegen interessante Köpfe von guter Publikumswirkung vor.

Der Unterschied zwischen Männer- und Weiberköpfen ist nicht mehr so drastisch wie zur altsumerischen Zeit geblieben. Immer noch aber behaupten die Frauenantlitze eine auffallende Lieblichkeit. Das war es auch, was C u r - t i u s seinerzeit zur terminologischen Fixierung „Schöne Frau von Lagaš" verführte.

Diese wenigen Sätze mögen thematisch zur Skizzierung der wichtigsten Punkte der neusumerischen Rundbildnerei genügen, auch wenn die angeführten Fakten selbstredend nicht erschöpfend sind. Bei fortschrittlicher technischer Verbesserung ist jedenfalls der tiefe rundbildnerische Verlust gegenüber der altsumerischen Kunst nicht zu übersehen.

IV. *Das menschliche Rundbild in der nachsumerischen Kunst*

Mit der neusumerischen Kunst könnte man die Beschreibung der Entwicklung der altmesopotamischen Rundbildwerke beschliessen. So wie die Zahl der Arbeiten bruchartig zurückgeht, so fehlt den noch verbleibenden anderthalb Jahrtausenden der babylonischen Kunstentwicklung jede überzeugende Linie oder auch nur Entwicklung.

Bei der geringen Zahl der Objekte muss man damit rechnen, dass es nach dem Ende des Sumerertums keine ständigen Bildhauerschulen mehr gegeben hat. Einige wenige Arbeiten nur zeigen zunächst noch ein gewisses Weiterwirken der einstmaligen äusserst fruchtbaren Ansätze echten Rundbildens an. Die altassyrische Königsstatue aus den ersten Jahrhunderten des zweiten Jahrtausends gibt sich in der Rückenansicht am aufschlussreichsten (Fig. 18). Prachtvoll ist die Herausarbeitung der Schulterblätter, anatomisch unwirklich, aber mit viel Liebe am tastenden Formen. Der Rock hängt auf den Hüften, er legt sich eng um das Becken, so dass man den Körper durch die Verhüllung hindurch zu spüren vermeint. In der Vorderansicht glaubt man die zurücktretenden inneren Schenkelflächen durch das Kleid hindurch wahrzunehmen. Alles in allem eine grossartige Leistung, die es vergessen macht, wie wenig gründlich der Rockblock eigentlich zu gliedern versucht wurde.

Hübscher noch fast ist das kleine Kupferfigürchen aus Assur (Fig. 19), das auf seinen eignen, streng geschlossenen Füssen steht. Bei ihm presst sich wenigstens in der Seitenansicht das Kleid eng an den Körper an, was eine reizvoll bewegte Rhythmik ergab. Die Vorderansicht vermochte noch nicht Gleichwertiges zu bieten. Für unsere Betrachtung bleibt diese Statuette aber von minder beweisendem Range, weil es sich um ein Kleinbildwerk und zudem um einen Metallguss handelt.

De facto hören Rundskulpturen mit dem Ausgange der neusumerischen Epoche auf, im babylonisch-assyrischen Kunstschaffen eine Rolle zu spielen. Zwar weist

die altbabylonische Zeit einige Grossplastiken auf (Fig. 21, aber auch Fig. 20),
aber diese stehen kompositionell im Herkömmlichen. Bildnerisch sind sie nur
noch rückschrittlich zu bewerten. Neu ist lediglich die Sorgfalt, die man der
Wiedergabe der Gewanddekoration zuteil werden liess. Die Epochen der Kas-
siten und der Neubabylonier sind gänzlich ohne rundbildnerische Grossfiguren
geblieben. Selbst die so bildfreudigen Assyrer haben es nur zu einer überraschend geringen Zahl von menschlichen Rundskulpturen gebracht.
Die Statuen Assurnasirapli II. (883 - 859 vor Chr.) und Salmanassar III.
(858 - 824 vor Chr. — Fig. 22) mögen uns den Schlüssel des anscheinenden
Geheimnisses liefern. Die Körper bieten in der Wiedergabe kaum gegliederte
Säulentrommeln, auf denen die Köpfe unorganisch aufsitzen. Der lang her-
unterhängende rechte Arm presst sich an den Körper an, als ob er mit grosser
Gewalt angezogen würde. Wie in der altbabylonischen Zeit — nur wesentlich
dünner — erscheint über die Oberfläche eine zarte Reliefierung der Kleid-
ornamentation gelegt. Was nicht durch Dekor und Fransen bedeckt worden
war, wurde mit einer endlosen Keilinschrift überschrieben. Brutaler ist wohl
noch niemals in der Kunstgeschichte die Oberfläche von Kunstwerken zerstört
worden. Es kann nicht zweifelhaft sein, dass hier eine stagnierende Rundbildkunst sich zu einem Versuch aufgerafft hat, der notwendig zu keinem be-
friedigenden Ergebnis führen konnte. Das wird auch durch die Tatsache
bezeichnet, dass dies die letzten Rundbilder von Königen waren. Die Relief-
stelen entsprachen dem Zeitgeschmack und dem künstlerischen Gestaltungs-
vermögen offensichtlich weit mehr.
Der geringe rundbildnerische Mut der Akkader lässt sich auch bei den Stier-
kolossen beobachten. Diese sind nach innen zu in der eigentümlichsten Weise
im Block verhaftet geblieben und stellen eine seltsame Verquickung von Prin-
zipien der Rund- und der Reliefbildnerei dar (Fif. 23). Sie bieten keine
Rundum-Ansichtigkeit, wie es für eine Rundfigur selbstverständlich wäre,
sondern nur Schauseiten von Reliefflächen, die durch ihre Bifrontalität ober-
flächlich Rundskulptürlichkeit vortäuschen.
Abschliessend möchte ich aus der dargelegten Entwicklung das Fazit ziehen,
dass die rundbildnerische Begabung des sumero-akkadischen Kulturvolkes einseitig bei den Sumerern gelegen hat. Demgegenüber muss den Akkadern eine
rundplastische Begabung weitgehend gefehlt haben, weil sie sonst die vor-
handenen grossartigen Ansätze zur Grosskunst nicht liegen gelassen hätten.
Wahrscheinlich war es die Kunstrichtung des Rundbildes, die den Akkadern
unbegreiflich war. Die abstrakte sumerische Kunstauffassung musste ihrer
wachen Naturalistik diametral entgegengesetzt wirken. Ihren adaequaten
Kunstausdruck schufen sich die Akkader dafür im Relief.

V. *Grundsätzliches zum sumerischen und akkadischen Flachbilde*

Ich glaube damit hinreichend dargelegt zu haben, dass die Sumerer ein rundbildnerisch hochbegabtes Volk waren, das Werke von höchster künstlerischer
Qualität und Einmaligkeit hervorgebracht hat. Das Brechen der Wirklichkeit
in der künstlerischen Konzeption, wodurch erst die innere Wahrheit des Sujets
sichtbar gemacht wird — denn das ist die Aufgabe der Kunst und nicht die
Abkonterfeiung der Wirklichkeit —, ist von den Sumerern in erschütternd
tiefen Bildwerken ausgeführt worden. Die Sumerer schufen sich das drei-
dimensionale Menschenbild in einzigartiger Weise, indem sie das Flachbild
aus der Wand herausschwellen und in den Raum hineintreten liessen — eine
Spontanschöpfung von hohem Range. Trotz der durch die Bekleidung der dar-
zustellenden Menschen erschwerten Zugänglichkeit der Konturen des Körpers
erfuhren sie es, diesen durch seine Hüllen hindurch erspürbar zu machen. Die
Gewänder begannen unter den Händen der altsumerischen Künstler transparent zu werden.
Nur wenn man sich diese Fakten klar macht, kann man den Bruch der Entwicklung wahrnehmen. Das Ende der sumerischen Rundbildkunst liegt de facto
schon am Ende der Lagaszeit. Was danach kam, vermochte über die ältesten
Arbeiten nicht mehr hinauszugelangen, sondern blieb ein immer mehr erstar-
render Abgesang.
Die von mir ausgesprochene rundbildnerische Unbegabung der gesamten Akkader ist nur in dieser Einengung zu verstehen. Sie darf keinesfalls auf das
gesamte Kunstschaffen ausgedehnt werden. Bei der flachbildnerischen Darstellung hatten die Akkader weit über das sumerische Vermögen hinaus-
gehende Anlagen und Entwicklungen aufzuweisen.
Das sumerische Flachbild bevorzugte den randbefestigten Fries mit der Betonung der vertikalen Mittelachse. Niemals ist von den Sumerern die Fläche
hinsichtlich ihrer Möglichkeiten für die Wiedergabe der räumlichen Tiefe
angesprochen worden. Es gab wegen des Basiszwanges der einzelnen Bildelemente nur die horizontale Reihung, und die Überschneidungen des ‚Figuren-
bandes' wurden bei der Abneigung gegen jede Diagonalrichtung wahrscheinlich als abenteuerlich genug empfunden. Sicher fand es nur wegen seiner
geometrischen Übersichtlichkeit Anklang, und wohl auch deshalb, weil es die
Mittelachse hervorzuheben ausreichend geeignet war. Dem sumerischen Bild-
denken war die drei- oder fünfgliedrige, antithetisch geordnete Darstellung
kongenial (Fig. 24), weil sie dem sumerischen Verlangen nach rhythmischer
Korrespondenz der Bildteile am vollkommensten entsprach. Auch die nicht antithetisch geordneten Kompositionen weisen eine vertikale Bildachse durch die
Umkehrung der Figuren zur Mitte hin (Fig. 25) auf. Fortlaufende Erzählungen
gab es anscheinend nur bei Bildern von Prozessionen (Inana-Vase von Uruk)

oder bei Kampfbildern (,Geierstele' und ,Standarte von Ur'). Die Sumerer
brauchten das Sinnbild, nicht aber veristische Schilderungen, daher konnten sie
mit einer gelockerten und wirklichkeitsnahen Szenerie nichts echt Künstleri-
sches anfangen.

Wenn wir mit diesen Grundgedanken eine der grossartigsten Leistungen der
Kunstgeschichte überhaupt, die Stele des Altakkaders Naramsin (Fig. 26),
vergleichen, dann kann der Abstand der Auffassungen nicht grösser gedacht
werden. Hier ist der Zwang des waagerechten Sehens und der univerten Bild-
richtung — die Altsumerer kannten die Umkehrung wesentlich nur in der
Antithese — unversehens in Auflösung übergegangen. Auch andere Relief-
fragmente der Akkadzeit lassen das letztgenannte Moment hervortreten (Fig.
27). Die ganze Darstellung der Naramsinstele atmet Züge einer Freiheitlich-
keit, die es in der sumero-akkadischen Kunst weder vorher noch später gegeben
hat. Die Lösung der assyrischen Reliefs beispielweise vom Streifenzwang und
die Gewinnung der Bildhöhe für die Tiefenwirkung wurden erst am Ende der
assyrischen Kunstgeschichte, eben anfänglich unter Sargon (721 - 705 vor Chr.)
und vor allem unter Sanherib (704 - 681 vor Chr.) und Assurbanipal (668 - 628
vor Chr.), zu erringen versucht. Früchte tragen konnten diese späten Ansätze
damals nicht mehr.

Die Aufteilung der Naramsinstele ist unerhört neuartig für die damalige Zeit.
Das Kompositionsgesetz der Forderung nach Auslastung der Valeurs in den
verschiedenen Bildbezirken wurde hier scheinbar mühelos geboten, wobei die
Gefahr der Gewichtsbalance durch Monotonie glücklich umgangen wurde. Gewiss ist die Bildfläche gleichmässig angesprochen worden, es finden sich an
keiner Stelle Häufungen. Alles erscheint aber nach rechts gerichtet, selbst die
geschlagenen Gegner fliehen nach rechts aus dem Bilde heraus und wenden
lediglich die Köpfe zurück. Trotz dieser prononcierten Richtungsweisung ver-
schiebt sich die Bildachse um nichts nach dieser Seite. Der König behauptet
die Mitte, obwohl sich vor ihm dazu ein riesiger Berg erhebt, über dem auch
noch die Gestirne thronen, wodurch die rechte Bildseite endgültig überlastet
erscheinen müsste.

Das Geheimnis liegt in der nach rechts anhebenden Diagonalrichtung der Bewegung. Dadurch verbreitert sich auf der rechten Seite die Höhe und damit
lockert sich die Dichte der Bildfläche, so dass man auf ihr die sich dort stauen-
den Bildelemente auseinander anzuziehen und scheinbar mühelos zu ordnen
vermochte. Die Schrägsteigung hört bei den Gegnern auf; diese stehen nach
rechts leicht abwärts versetzt und halten dadurch den Bildhorizont in der
Balance. Unter dem Berge, genau in seiner Vertikalachse, hat man einige
Bäume übereinandergesetzt. Man müsste erwarten, dass hier sich notwendig
eine durchlaufende Vertikalachse der Bildkomposition abzeichnen müsste, zu-
mal hier auch die Grenze zwischen Freund und Feind verläuft. Nichts der-

gleichen ist aber geschehen. Die majestätische Königsgestalt beharrt unangefochten in der Bildmitte. Die Konzeption dieses Reliefs ist in hohen Graden künstlerisch.

Für die Gesamtbeurteilung ist die Fragmentierung der oberen Bildränder äusserst störend; auch der untere Bildabschluss fehlt. Der mittlere und höchstwahrscheinlich auch der untere Teil der Stele wird durch eine Randleiste befestigt gewesen sein. Nun kann man am Fuss des Berges vielleicht erkennen, dass im oberen Bildteil die Randleiste gefehlt hat. Wenn das zutreffen sollte — was als unsicher gelten muss —, so würde das als Öffnung der Bildfläche über der Horizontlinie ein weiteres unerhört neuartiges Moment der Bildprojektion gewesen sein.

Gewiss ist die altsumerische Tradition bei der Darstellung der Naraminstele nicht gänzlich auszuschalten gewesen. So ist der Bildinhalt der Stele unmissverständlich sinnbildlich. Es sind keine Heere, die gegeneinander kämpfen (man denke hier zum Vergleich an die Elamerschlacht des Assurbanipal gegen Teumman). Es ist keine konkrete Schlachtstätte wiedergegeben worden, auch wenn eine solche inschriftlich genannt wird. Es ist ganz einfach der triumphierende König, in der Pose seines Sieges.

Ferner ist auch die Anordnung der Soldaten letztlich in Streifen erfolgt, was man nur nicht bemerkt, weil diese einmal schräg gestellt worden sind, dann aber auch ohne die sonst übliche starre Begrenzung durch tote Leisten gelassen wurden. Durch die wellige Wiedergabe der Standlinien sowie durch ihre uneinheitliche Richtungführung treten sie als solche für den Betrachter nicht vordringlich in Erscheinung.

Ferner kommen auch keine Überschneidungen der verschiedenen Bildteile vor. Schliesslich leben auch die Gestalten nicht. Sie sind ‚stehende Bilder’, in der Bewegung erstarrt. Wie überwältigend trotzdem die kraftvolle Pose des Königs damals empfunden worden ist, das bekunden die mancherlei Nachahmungen dieser königlichen Siegespose in Assyrien und im Zagrosgebiet.

Es ist keine Frage, dass die Naraminstele für ihre Zeit revolutionär gewirkt haben muss. Was ich oben zur Hervorhebung der altsumerischen Rundbildnerei am Ende der Lagaszeit sagte, das ist mutatis mutandis in vollem Umfange auch dem Schöpfer dieses Kunstwerks zu zollen.

Es mag auf den ersten Blick befremdlich erscheinen, wenn ich hier das künstlerische Schaffen getrennt nach Rund- und Flachbild bewerte. Ich brauche hiergegen nur zu erwidern, dass ich nicht a priori eine solche Theorie gehabt habe, sondern dass die vorurteilslose Interpretation der Denkmäler mit Zwangsläufigkeit zu diesem Ergebnis geführt hat.

Die Sumerer sahen weniger den Fluss des letztlich nur zufälligen Geschehens als seinen Rang innerhalb ihrer Weltordnung. Im Einzelgeschehen war nur der ewigkeitliche Bezug von Belang. Deshalb war ihre darstellerische Bild-

form das Sinnbild bzw. das Gleichnis. Da für sie jedes Bild durch seinen
Inhalt verfestigt wurde, erhielt das Rundbild für sie sogar den höchsten Rang,
weil seine starke Geschlossenheit mit den damaligen Kunstmitteln keinen
Aussenbezug haben konnte. Mehrgliedrige Figurenkompositionen gab es
praktisch nicht (bei den seltenen Doppelthronbildern haben die Figuren
keinerlei innerliche oder bildnerische Bindung zueinander, sie sind einfach
nebeneinandergesetzt worden) und durch die gestische Monotonie schloss
sich auch jeder gedachte Bezug nach aussen aus (bei dem schon mehrfach
erwähnten Kupferständer aus Khafaje (Fig. 8) ist er unmissverständlich vorhanden, wir sprechen hier aber von den Grossskulpturen in Stein).

Die Akkader, mit wachem Wirklichkeitssinn begabt, hatten lebhaftes Inte-
resse am Geschehen selbst. Ihr Element war die Schilderung als solche —
nicht in welchem Sinne etwas verlaufen war, sondern w i e es sich zuge-
tragen hatte, fesselte ihre Aufmerksamkeit. Deshalb war für sie das Bild immer
nur das Abbild der Wirklichkeit. Ein Heros im Kampf mit mythischen Unge-
heuern musste für sie notwendig zur Jagdszene werden, weil das ihrem Denken und ihrer Vorstellung gemäss war.

Das Rundbild grenzte sich dem akkadischen Wesen zu streng nach aussen ab,
weil seine Ganzheit in sich allein bestand. Da für sie das Einzelbild am
liebsten mit der Umwelt verbunden sein sollte, stand ihnen die Rundfigur zu
isoliert da. Sie war für sie ohne Spannung und vermochte nicht in ausreichen-
dem Maasse Träger ihres Bildwollens zu sein.

Mit diesen Sätzen zum sumero-akkadischen Menschenbilde kann nicht mehr
als ein Abriss gegeben sein, dessen detaillierte Erarbeitung erst zu leisten sein
wird. Es erschien mir als dringend notwendig, die Probleme grundsätzlich zu
umreissen, damit die altmesopotamische Kunstgeschichte endlich zu dem ihr
gebührenden Range kommen möge. Fundkataloge und Hausgrundrisse können
schliesslich nicht das alleinige Anliegen der archäologischen Forschung im
alten Mesopotamien sein.

LITERATUR

1. Walter A n d r a e, Die Kunst Vorderasiens. In: Schäfer-Andrae, Die Kunst des Orients. Propylaeen-Kunstgeschichte Bd. 2, Berlin 1925.

2. M. B a l t r u š a i t i s, Art sumérien, art roman. Paris 1934.

3. Willi B a u m e i s t e r, Das Unbekannte in der Kunst. Stuttgart 1947.

4. F. W. Freiherr v o n B i s s i n g, Beiträge zur Geschichte der assyrischen Skulptur. Abh. Bayr. Akad. Wiss. München 1912.

5. E. E. Douglas v a n B u r e n, Foundation Figurines and Offerings. Berlin 1931.

6. Ludwig C u r t i u s, Die antike Kunst Bd. I: Ägypten und Vorderasien. In: Fritz Burger, Handbuch der Kunstwissenschaft. Berlin-Neubabelsberg 1923.

7. Henri F r a n k f o r t, Sculpture of the Third Millenium from Tell Asmar and Khafajah. Or. Inst. Publ. Bd. 44. Chicago 1939.

8. H. F r a n k f o r t, More Sculpture from the Diyala Region. Or. Inst. Publ. Bd. 60. Chicago 1943.

9. H. F r a n k f o r t, The Art and Architecture of the Ancient Orient. Penguin Books 1954.

10. H. R. H a l l, Babylonian and Assyrian Sculpture in the British Museum. Paris u. Brüssel 1928.

11. Morris J a s t r o w, Bildermappe zur Religion Babyloniens und Assyriens. Giessen 1912.

12. Georg K a r o, Orient und Hellas in archaischer Zeit. Athen. Mitt. 45 - 1929 - S. 106-156.

13. Leon L e g r a i n, Old Sumerian Art. Mus. Journ. 19 - 1928.

14. Bruno M e i s s n e r, Grundzüge der altbabylonischen Plastik. Der Alte Orient Bd. 15 Heft 1-2. Leipzig 1914.

15. Anton M o o r t g a t, Frühe Bildkunst in Sumer. Mitt. Vorderas.-Aeg. Ges. 40 : 3. Leipzig 1935.

16. A. M o o r t g a t, Tammuz. Der Unsterblichkeitsglaube in der altorientalischen Bildkunst. Berlin 1949.

17. Ursula M o o r t g a t - C a r r e n s, Westsemitisches in der Bildkunst Mesopotamiens. Arch. f. Orientforsch. 14 S. 287-294.

18. Valentin M ü l l e r, Frühe Plastik in Griechenland und Vorderasien. Ihre Typenbildung von der neolithischen bis in die griechisch-archaische Zeit. Augsburg 1929.

LITERATUR

28

19. Val. M ü l l e r, Die Raumdarstellung der altorientalischen Kunst.
Arch. f. Orientforsch. 5 S. 199-206.

20. W. A. M ü l l e r, Nacktheit und Entblössung in der altorientalischen und altgriechi-
schen Kunst. Leipzig 1906.

21. André P a r r o t, Mari. Bildmaterial der archäologischen Grabungsexpedition von Mari.
München 1953.

22. Fr. P o u l s e n, Der Orient und die frühgriechische Kunst. Leipzig 1912.

23. Fr. P o u l s e n, Den gamle Orients Kunst. København 1924.

24. Alois R i e g l, Gesammelte Schriften. Augsburg 1929.

25. Hans S e d l m a y r, Die Revolution der modernen Kunst. Hamburg 1955.

26. W. S p e i s e r, Vorderasiatische Kunst. Berlin 1951.

27. Eckhardt U n g e r, Sumerische und akkadische Kunst. Breslau 1926.

28. Heinr. W ö l f f l i n, Kunstgeschichtliche Grundbegriffe. Das Problem der Stilentwick-
lung in der neueren Kunst. 6. Aufl. München 1923.

29. C. Leonard W o o l l e y, The Development of Sumerian Art. London 1935.

30. R. Z e r v o s, L'art de la Mésopotamie. Ein Fotoalbum. Verlag der Cahiers d'art,
Paris 1935.

1. Tell Asmar: Statue des Vegetationsgottes Abu. Alabaster, H. = 72 cm. Iraq Museum
   Bagdad. Nach F r a n k f o r t, Sculpture.

2. Tell Asmar: Alabasterstatue einer Frau. H. = 59 cm. Iraq Museum Bagdad. Nach
   F r a n k f o r t, Sculpture.

3. Tell Asmar: Alabasterstatue eines Mannes aus dem Abu-Tempel. H. = ca. 37 cm. Nach
   F r a n k f o r t.

4. Khafaje: Kalksteinstatue eines Mannes. Nach F r a n k f o r t.

5. Assur: Gipssteinstatue aus dem Ištar-Tempel der G-Schicht. Erhaltene Höhe = 45 cm. Ehemals Staatliche Museen Berlin, Inv.-Nr. VA. 8142. Nach Foto des Museums.

6. Adab: Statue des Lugaldalu. H. = 90 cm. Nach U n g e r, Reallexikon der Vorgeschichte Bd. 7 Taf. 132 : a.

7. Khafaje: Beschädigte Statue eines Mannes. Nach F r a n k f o r t.

8. Khafaje: Bronzefigur eines nackten Mannes. H. = 55,5 cm. Iraq Museum Bagdad. Nach F r a n k f o r t, Sculpture Taf. 98.

9. Khafaje: Kupferfigur eines nackten Mannes. H. = 41 cm. Nach F r a n k f o r t, More Sculpture Taf. 95.

10. Statue eines Mannes der Akkadzeit. British Museum London. Nach Foto Mansell.

11. Diorit-Torso des Maništusu von Akkad (2285 - 2270 vor Chr.); erhaltene Höhe = 94 cm. Louvre Museum Paris. Nach Foto des Museums.

12. Susa: Sitzbild des ‚Ensi von Tupliaš'. Basalt. Louvre Museum Paris. Nach U n g e r, Reallexikon der Vorgeschichte Bd. 7 Taf. 144.

13. Lagaš: Basalt-Torso, wahrscheinlich des Gudea. Erhaltene Höhe = 76,2 cm. British Museum London. Nach Foto des Museums.

14. Lagaš: Statue des Gudea. Nye Carlsberg Glyptothek Kopenhagen. Nach Foto der Sammlung.

15. Lagaš: Kopfloses Gudea-Standbild. Louvre Museum Paris. Nach Foto des Museums.

16. Lagaš: Kopflose Basalt-Statue des Urningirsu; erhaltene Höhe = 55 cm. Louvre Museum Paris, Inv.-Nr. AO. 14. Nach Foto des Museums.

17. Lagaš: Gipssteintorso eines weiblichen Sitzbildes, Oberkörper weggebrochen, mit Weihinschrift an Bau. Museum Istanbul Inv.-Nr. 7914. Nach U n g e r , Reallexikon der Vorgeschichte Bd. 7 Taf. 141 : a.

18. Assur: Basalt-Torso (Kopf und Basis weggebrochen) von einstmaliger Lebensgrösse. Ehemals Staatliche Museen Berlin, Vorderasiatische Abteilung. Nach Foto des Museums.

19. Assur: Kupferstatue einer Frau. Höhe unter 20 cm. Ehemals Staatliche Museen Berlin, Vorderasiatische Abteilung. Nach Foto des Museums.

20. Assur: Kopflose Gipssteinstatue des Zariqu(?); erhaltene Höhe = 73 cm. Ehemals Staatliche Museen Berlin, Inv.-Nr. 20070. Nach MDOG. 49 : 40.

21. Babylon, Hauptburg: Dioritstatue des Puzur Ištar, Statthalters von Mari; Höhe (mit Kopf = 1,76 m.). Rumpf Museum Istanbul Inv.-Nr. 7813; Kopf ehemals in Berlin. Nach Foto des Berliner Museums.

22. Assur: Basaltstatue Salmanassar III. (858 - 824 vor Chr.). Museum Istanbul. Nach Foto
    des Museums.

23. Nimrud: Stierkoloss vom Palast Assurnasirapli II. (883 - 859 vor Chr.). H. = 3,50 m.
British Museum London. Nach H a l l, Babylonian and Assyrian Sculptures in the British
Museum, Paris 1928.

24. Uruk: Stirnseite eines Alabastertroges. Br. = 35,6 cm. British Museum London. Nach Foto des Museums.

25. Tell Agrab: Votivplatte mit drei Figurenfriesen. Nach M o o r t g a t, Rencontre Assyriologique: Compte rendu 1952 (Leiden) Taf. VI.

26. Siegesstele des Naramsin von Akkad (2269 - 2233 vor Chr.). H. = 1,98 m. Louvre Museum Paris. Nach Foto des Museums.

27. Lagaš: Altakkadzeitliches Stelenfragment, sog. ‚Kampfstele' (um 2200 vor Chr.). Höhe des abgebildeten Bildstreifens = 15 cm. Louvre Museum Paris. Nach Foto.

Algemeine Geschichts-Epochen:	Absolute Daten:	I. MESOPOTAMIEN: Stufenbezeichnungen:							II. IRAN:	III. KLEINASIEN:
		1. in Deutschland			2. Ältere Benennungen	3. in England	4. in Amerika			
Praehistorische Zeit	4000	Sakçagözü-Zeit							Anau I u. II Persepolis B	
	3600	Tell-Halaf-Zeit								
	3400	Samarra-Zeit							Tepe Mussian	
	3300	El-Obeid-Zeit							Susa I Persepolis A	
Vordynast. Zeit	3100	Uruk-Zeit			Flachziegel mit rechteckig. Querschn.	3200	*S. Smith:* 3575 *Jacobsen:* 3850			
	2900	Jamdat-Nasr-Zeit			Riemchenziegel Riemchennahe Ziegelform	Jamdat-Nasr Period 3000	Proto-Literate Period 3175 3450			
Frühdynast. Zeit	2700	Alt-sumerische Zeit	Mesilim-Zeit		Zeit der plan-konvexen Ziegel	Early Dynastic Period I u. II	Early Dynastic Period 2775 3050		Susa II	
	2500		Lagaš-Zeit			III 2400	Proto Imperial Period 2425 2700			
Geschichtliche Zeit	2300	BABYLONIEN: ASSYRIEN: Akkad-Zeit				Sargonid Period 2200				
	2100	Neusumerische Zeit	Alt-Assyrische Zeit			2127 Third-Dynasty-of-Ur-Period 2016				
	1900	Altbabylonische Zeit								
	1700	Kassiten-Zeit	1363 Mittelassyrische Zeit 889							1780 Altes Reich) He- 1600 Zwischenreich } thi- 1430 Neues Reich) ter 1200
	1100	Neubabylonische Zeit	Jungassyrische Zeit 621						Luristan-Kultur	Nachheth. Kleinkönige 900 Aramäische Epoche 600
	539								728 Meder	
									645 Achaemeniden 330	
									Seleukiden 250 vor Chr.	
									247 Arsakiden-Parther 224 nach Chr.	
									224 Sassaniden 651 Araber	

28. Synchronistische Übersicht der Geschichte Vorderasiens vom 4000 v. Chr. bis 651 n. Chr.